Conoce la familia

Mi hermana

por Mary Auld

Gareth Stevens Publishing
A WORLD ALMANAC EDUCATION GROUP COMPANY

Aquí están Sally y su hermana Kate con su mamá y su papá. Sally es tres años menor que Kate.

La hermana de Brian es mayor que él. Algunas veces le ayuda a su mamá a cuidarlo.

Brianna y Louise son gemelas idénticas. Sólo su mamá y su papá pueden distinguirlas.

Anne tiene una
nueva hermanita,
Lucy. Lucy tiene
una mamá diferente
de la de Anne,
por eso ella
es su media
hermana.

Nicky y Ruby son
las mejores amigas y
hermanastras. Tienen
diferentes padres,
y ahora el papá de
Ruby está casado con
la mamá de Nicky.

Kevin y su hermana van a la misma escuela, pero están en diferentes clases.

La hermana de Mary está
en un equipo de fútbol.

La hermana de Miguel
pinta muy bien.
Algunas veces ella deja
que Miguel le ayude.

Lizzie le hace cosquillas
a su hermana.

William hace reír
a su hermana.

Leo y su hermana
juegan juntos.

A Mel y a sus hermanas les gusta hacer representaciones para sus padres.

Aquí está Nina
con su mamá
y su tía Janet.
Tía Janet es
hermana de la
mamá de Nina.

¿Tienes una hermana?
¿Cómo es?

Palabras sobre la familia

Aquí hay unas palabras que la gente usa
cuando habla de su hermana o familia.

Nombres para niños:
hermana, hermano, hija, hijo.

Nombres para padres:
**padre, popi, papá, papa
madre, mami, mamá, mama.**

Nombres de otros parientes:
**nieto, abuela, abuelita, abuelo, abuelito,
tío, tía, sobrino, sobrina.**

Un pariente político es una persona que es familia por
matrimonio de uno de los padres, no por nacimiento.

Un medio hermano y una media hermana tienen
el mismo padre o la misma madre.

Árbol Genealógico

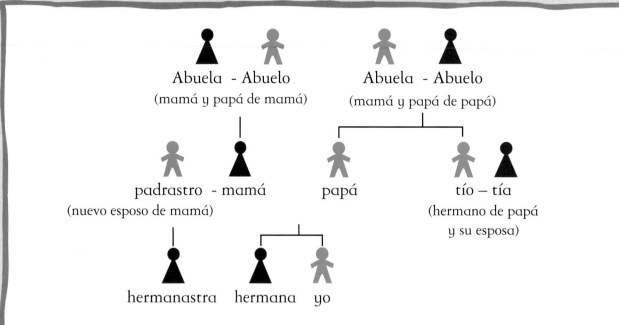

Abuela - Abuelo
(mamá y papá de mamá)

Abuela - Abuelo
(mamá y papá de papá)

padrastro - mamá
(nuevo esposo de mamá)

papá

tío – tía
(hermano de papá
y su esposa)

hermanastra   hermana   yo

Puedes mostrar cuál es tu relación con respecto a toda tu
familia en un esquema como éste. Se llama árbol genealógico.
Cada árbol genealógico es diferente. Intenta dibujar el tuyo.

Please visit our web site at: www.garethstevens.com
For a free color catalog describing Gareth Stevens Publishing's list of high-quality
books and multimedia programs, call 1-800-542-2595 (USA) or 1-800-387-3178
(Canada). Gareth Stevens Publishing's fax: (414) 332-3567.

Library of Congress Cataloging-in-Publication Data available upon request from publisher.
Fax (414) 336-0157 for the attention of the Publishing Records Department.

ISBN 0-8368-3930-7

This North American edition first published in 2004 by Gareth Stevens Publishing,
A World Almanac Education Group Company, 330 West Olive Street, Suite 100,
Milwaukee, WI 53212 USA

This U.S. edition copyright © 2004 by Gareth Stevens, Inc. First published in 2003 by
Franklin Watts, 96 Leonard Street, London EC2A 4XD. Original copyright © 2003 by
Franklin Watts.

Series editor: Rachel Cooke
Art director: Jonathan Hair
Design: Andrew Crowson
Gareth Stevens editor: Betsy Rasmussen
Gareth Stevens art direction: Tammy Gruenewald

Picture Credits: Paul Baldesare/Photofusion: 13. Bruce Berman/Corbis: front cover main, 22.
www.johnbirdsall.co.uk: front cover center below, 2, 5. Dex Images Inc/Corbis: 1, 14. Paul
Doyle/Photofusion: 16. Jon Feingersch/Corbis: 12. Carlos Goldin/Corbis: front cover center
above. Sally Greenhill, Sally & Richard Greenhill: 6, 11, 20-21. Ronnie Kauffman/Corbis:
8-9. Roy McMahon/Corbis: 18. Jose Luis Pelaez/Corbis: front cover center top. George
Shelley/Corbis: front cover bottom. Ariel Skelley/Corbis: front cover center. Paula Solloway/
Format: 17. Mo Wilson/Format: 19. While every attempt has been made to clear copyright,
should there be any inadvertent omission please notify the publisher regarding rectification.

Printed in Hong Kong/China

1 2 3 4 5 6 7 8 9 08 07 06 05 04